Jabas Jones

Addasiad Non ap Emlyn o *Jabas* gan
Penri Jones

Lluniau gan
Rod Knipping

UNED IAITH GENEDLAETHOL CYMRU
CBAC

Paratowyd y llyfr hwn ar gyfer disgyblion Cymraeg Ail Iaith Cyfnodau Allweddol 3 a 4.

Mae'r storïau wedi eu haddasu ar y lefelau canlynol:

Lefelau 3/4

Lefelau 4/5

Lefelau 5/6

Lefelau 6/7

Jabas Jones
Addasiad o *Jabas*, gan Penri Jones (hawlfraint Penri Jones ©) a gyhoeddwyd ym 1986 gan Wasg Dwyfor.

Addasiad: Non ap Emlyn

© Lluniau gan Rod Knipping

Argraffiad cyntaf Hydref 1999

Cyhoeddwyd gan Uned Iaith Genedlaethol Cymru, Cyd-bwyllgor Addysg Cymru, 245 Rhodfa'r Gorllewin, Caerdydd CF5 2YX.

Mae Uned Iaith Genedlaethol Cymru yn rhan o WJEC CBAC Limited, elusen gofrestredig a chwmni a gyfyngir gan warant ac a reolir gan awdurdodau unedol Cymru.

ISBN 1 86085 364 1

Argraffwyd gan Wasg Gomer, Llandysul, Ceredigion. SA44 4QL.

PWY YDY PWY

Jabas Jones: *Bachgen ifanc, 16 oed. Mae o'n mynd i'r ysgol. Mae o'n gweithio i'r papur newydd weithiau – yn tynnu ffotograffau. Mae o mewn cariad efo Pegi.*

Picsi: *Ffrind Jabas. Mae o'n hoffi ceffylau. Mae o'n gweithio yn stablau'r Tyddyn – ble mae'r Peytons yn byw.*

Dyma rai o'r cymeriadau yn y storïau. Dydyn nhw ddim i gyd ym mhob stori.

Gwil: *Ffrind Jabas.*

Ieus: *Ffrind Jabas.*

Pegi: *Ffrind Jabas. Mae Jabas yn caru Pegi.*

Lois: *Ffrind Jabas. Mae hi wedi symud i'r ardal o Dde Cymru.*

Ruth: *Cariad Picsi.*

Howard: *Mae o wedi symud i'r ardal.*

Y Peytons: *Darren a Jilly a'u rhieni. Maen nhw'n byw yn y Tyddyn. Maen nhw wedi symud i'r ardal.*

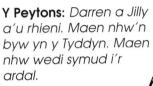

Dr a Mrs Braithewaite: *Mae ganddyn nhw dŷ haf yn yr ardal – Henllys Hall.*

Clint: *Mae Clint yn gweithio i'r Peytons. Dydy o ddim yn neis o gwbl. Ydy o'n smyglo cyffuriau?*

Ab Iorwerth: *Golygydd y papur newydd. Mae Jabas yn gweithio iddo fo weithiau.*

Mountbatten

Lefelau 3/4

Mae Jabas yn hoffi ffotograffiaeth. Weithiau mae o'n tynnu ffotograffau i'r papur newydd.

Un diwrnod, mae Ab Iorwerth yn dangos cystadleuaeth ffotograffiaeth i Jabas.

Felly, mae Jabas yn dechrau tynnu ffotograffau . . .

. . . ffotograffau o bobl ifanc ar y dôl . . .

. . . ffotograffau o'r bae . . .

. . . ffotograffau o hen beiriannau . . .

. . . pob math o ffotograffau.

O mae'n braf.

Un diwrnod, mae Jabas a'i ffrindiau'n mynd i bysgota ar y môr.

Maen nhw'n mwynhau eu hunain. Yna, mae Jabas eisiau mynd i'r ogof i dynnu ffotograffau.

Mae Jabas yn dechrau tynnu ffotograffau . . .

. . . yr ogof . . .

. . . yr hen weithfeydd . . .

. . . yr hen beiriannau . . .

. . . y lanfa . . .

Yna, trwy'r camera, mae o'n gweld cwch - cwch drud iawn. Mae dau ddyn yn cario bocsys o'r cwch. Mae Jabas yn tynnu ffotograffau.

Yna, mae'r cwch yn mynd - yn gyflym iawn. Mae Jabas yn tynnu
ffotograffau.

Yna, mae Jabas yn dechrau
gwneud y prosiect. Mae Ab
Iorwerth i ffwrdd ar ei wyliau.
Felly dydy o ddim yn medru
datblygu'r ffotograffau o'r
ogof.

Mae'r bechgyn yn mynd at y lanfa. Maen
nhw'n gweld dyn wrth yr ogof. Clint ydy o.
Dydyn nhw ddim eisiau cyfarfod â fo - mae o'n
gas iawn. Felly, maen nhw'n mynd adre.

Mae o'n postio'r gwaith i'r
papur newydd yn Llundain.

Tair wythnos wedyn

Un bore, mae Jabas yn cael llythyr . . .

. . . llythyr Saesneg am y gystadleuaeth.

Edrycha ar y ffotograffau yma . . . Dr Braithewaite . . . a Sharon . . . a Clint yn yr ogof. Beth maen nhw'n wneud yma, tybed? Rhaid i ti ddangos y ffotograffau yma i'r heddlu.

Mae o'n mynd i weld Ab Iorwerth i ddweud am y llythyr. Ond dydy Ab Iorwerth ddim yn gwrando ar Jabas. Mae o'n edrych ar ffotograffau Jabas o'r ogof.

Roedden ni'n amau'r bobl yma. Diolch yn fawr am eich help.

Mae'r heddlu'n hapus iawn efo'r ffotograffau. Mae problem cyffuriau yn y dref ac mae'r ffotograffau yma'n mynd i helpu'r heddlu.

Mae Jabas yn mynd i ofyn i Pegi ddod i Oriel Llywelyn nos Wener.

Ga i siarad â Picsi os gwelwch yn dda?

Mae'n ddrwg gen i, dydy o ddim yma.

Beth rwyt ti'n mynd i wneud heddiw?

Dw i'n mynd i weld Picsi.

Paid â bod yn hwyr. Rhaid i ni fod yn yr Oriel erbyn saith o'r gloch - "prompt"- cofia.

Yna, mae o'n mynd i weld Picsi yn y gwaith. Dydy o ddim yno. Mae o i ffwrdd tan ddydd Gwener.

Bore dydd Gwener, mae Jabas eisiau mynd i weld Picsi. Mae o'n gwisgo siwmper goch a hen jîns.

Wyt ti eisiau dod efo ni heno?

Wrth gwrs. Wyt ti'n mynd i gael gwobr?

Dw i ddim yn gwybod.

Mae Picsi eisiau mynd i'r Oriel efo Jabas. Mae Jabas yn dechrau helpu Picsi efo'r gwaith.

Ceffyl mawr! Wyt ti'n medru ei reidio fo?

Ydw. Mae Mountbatten yn medru rhedeg yn gyflym. Mae o'n neidio'n dda hefyd!

Maen nhw'n glanhau'r stablau ac yn brwsio Mountbatten, y ceffyl mawr, cryf.

Dros goffi, maen nhw'n siarad am Clint a'r Braithewaites. Mae Jabas eisiau mynd i sied Clint i weld oes cyffuriau yno.

Maen nhw'n mynd i'r sied - hen gwt ieir. Mae Jabas yn chwilio am ddrws yr ieir.

Mae o'n agor y drws ac mae o'n mynd i mewn. Dydy Picsi ddim yn hapus.

Mae Jabas yn medru gweld
bocsys a dwy sach bolythîn
ddu. Mae o'n gweld rhywbeth
arall hefyd - pen Picsi yn dod
trwy ddrws yr ieir.

Maen nhw'n dechrau chwilio yn y bagiau
polythîn ac maen nhw'n ffeindio cyffuriau.

Maen nhw'n ffeindio llawer o bethau eraill hefyd—pethau mae Clint a'r criw
wedi eu dwyn. Mae Jabas a Picsi eisiau mynd at yr heddlu ar unwaith . . .

. . . ond mae'r drws wedi cau. Maen nhw mewn trap. Mae Jabas yn edrych ar ei wats. Mae hi'n amser mynd i Oriel Llywelyn! Maen nhw'n aros yn y cwt am amser hir. Yna, mae sŵn tu allan. Mae'r bechgyn yn cuddio. Mae Clint yn dod i mewn. Mae o'n ddig iawn. Mae o'n cymryd y cyffuriau ac mae o'n mynd.

Ar ôl rhai munudau, mae'r bechgyn yn dechrau bangio ar waliau'r cwt. O'r diwedd, maen nhw'n clywed llais tu allan i'r cwt. Llais Ruth, cariad Picsi. "Agora ddrws yr ieir," mae Picsi'n gweiddi. Mae'r bechgyn yn dod allan. Mae hi'n hanner awr wedi saith.

12

Rhaid iddyn nhw frysio.

Rhaid i Ruth ddweud wrth yr heddlu am Clint.

Mae Mountbatten yn rhedeg yn gyflym iawn.

Dydy Jabas ddim yn medru gweld – mae'r het yn rhy fawr.

Yna, maen nhw'n cyrraedd yr Oriel. Mae llawer o bobl yno'n barod ac mae llawer o geir crand yn y maes parcio. Mae'r ceffyl yn stopio. Mae Jabas yn syrthio i ganol y rhododendron.

Mae Jabas yn dod allan o'r rhododendron. Mae o'n edrych yn ofnadwy.

Mae Ab Iorwerth yn dod allan. Mae o'n dweud "Tyrd i mewn. Does gen ti ddim amser i newid." Felly, mae Jabas yn cerdded i mewn i'r Oriel - yn fudr iawn!

Mae Jabas ac Ab Iorwerth yn cerdded i mewn. Mae pawb yn curo dwylo. Mae Jabas yn cerdded i'r ffrynt. Mae dyn yn rhoi gwobr iddo fo am ei ffotograffau. Mae'r camerâu'n fflachio. Mae Jabas, ei fam, Pegi, Picsi ac Ab Iorwerth yn teimlo'n hapus iawn.

HELP

cuddio = cwato	to hide
cyfarfod â = cwrdd â	to meet
dos = cer	go
(yn) ddig = (yn) grac	angry
efo = gyda	with
fo = fe	he / him
ganddo fo = gyda fe	he has / had
paned = cwpanaid / dysglaid	a cup of
tyrd = dere	come

GEIRFA

beiriannau (peiriannau)	machines/machinery
brysio	to hurry/hasten
cas	nasty
curo dwylo	to clap
cwch	boat
cwt ieir	chicken shed
cyffuriau	drugs
cystadleuaeth	competition
cystadlu	to compete
chwilio	to search
dangos	to show
dal	to hold
datblygu	to develop
drud	expensive
(yn) dynn	tight
fflachio	to flash
glanhau	to clean
golygydd	editor
gweithfeydd	works
gwyllt	furious
gwobr	prize
ogof	cave
o'r diwedd	at last
oriel	gallery
peiriannau	machines/machinery
tynnu ffotograffau	to take photographs
weithfeydd (gweithfeydd)	works
(y) wobr	prize
(yn) wyllt	furious

Parti'r Peytons

Lefelau 4/5

Roedd Jilly Peyton yn 17 oed ac roedd parti mawr yn ei chartref. Roedd Jabas a'i ffrindiau'n mynd i'r parti. Felly, roedd Jabas yn brysur iawn yn paratoi. Gwisgodd o ei ddillad gorau - crys heb goler, trowsus cotwm golau, siaced ledr ac esgidiau gwyn. Roedd o'n edrych yn smart iawn.
Yna, aeth o i'r Llew i gyfarfod â'r bechgyn.

Roedd Jilly'n byw efo'i mam a'i thad a'i brawd, Darren, yn Y Tyddyn, ffermdy tu allan i'r pentref. Roedd Clint – dyn cas, creulon – yn byw efo nhw hefyd. Roedd o'n gweithio i Mr Peyton.

Dechreuodd y bechgyn gerdded i'r parti.

Aeth car tad Howard heibio. Roedd Howard a Pegi'n eistedd yn y sedd gefn. Roedd Jabas yn teimlo'n ddig iawn. Roedd o mewn cariad efo Pegi.

Cyrhaeddodd y bechgyn y parti. Ar ganol y llawr, roedd Pegi a Howard yn dawnsio - yn agos iawn. Roedd Jabas yn teimlo'n sâl. Beth roedd hi'n weld yn Howard?

Chwythodd Jilly'r canhwyllau ar ei chacen. Daeth Pegi i sefyll wrth ymyl Jabas - heb Howard! Roedd o a'i ffrindiau wedi mynd allan. Roedden nhw'n mynd i gymryd cyffuriau ac roedd Picsi efo nhw. Roedd Jabas wedi cael llond bol ar bobl ifanc yn trïo cyffuriau. Roedden nhw i gyd yn wirion. Ac roedd Picsi'n wirion iawn am fynd efo nhw. Roedd Pegi eisiau cerdded adre efo Jabas, ond doedd o ddim yn deall beth roedd hi eisiau!

"Wyt ti eisiau bwyd 'te?" gofynnodd Pegi wedyn. "Na, dim diolch," atebodd Jabas. Cerddodd Pegi at y bwrdd. Roedd hi'n siomedig. Ciciodd Jabas ei hun - doedd o ddim yn medru siarad yn iawn efo Pegi.

Daeth y bechgyn yn ôl i'r parti. Dringodd Darren i ben cadair.
"Beth am chwarae gêm?" gofynnodd o. "Rhaid i'r bechgyn fynd i guddio a
rhaid i'r merched chwilio am y bechgyn."
Roedd Jilly wrth ei bodd efo'r syniad.
Aeth Jabas i chwilio am rywle i guddio. Cerddodd o i fyny'r grisiau ac yna i
mewn i un o'r ystafelloedd gwely.
Roedd o'n medru gweld cwpwrdd mawr a gwely yn yr ystafell. Basai mynd i
mewn i'r cwpwrdd yn well na mynd dan y gwely, meddyliodd.

Roedd y cwpwrdd yn llawn dillad merched - ffrogiau, cotiau, trowsus, blowsys. Eisteddodd Jabas ar lawr y cwpwrdd a rhoiodd o rai o'r siwmperi o dan ei ben. Ew, roedd hi'n braf yno. Roedd arogl merch yn y cwpwrdd - persawr a phowdr.

Dechreuodd o feddwl am y parti. Roedd Picsi'n wirion iawn i drïo cyffuriau. Roedd o, Jabas Jones, yn wirion achos roedd o'n methu siarad yn iawn efo Pegi. Dechreuodd o deimlo'n flinedig . . . ac yna . . . syrthiodd i gysgu. Roedd pawb arall yn chwarae'r gêm.

Ar ôl y gêm, dechreuodd pawb fwynhau'r parti unwaith eto. Ac roedd popeth yn grêt. Ond syrthiodd Ruth, cariad Picsi, wrth ymyl y bowlen *punch* a syrthiodd y bowlen - a'r *punch* - i'r llawr.

"Mae'n bryd i'r parti orffen dw i'n meddwl," dwedodd Mrs Peyton a dechreuodd pawb adael. Stwffiodd Ruth a Picsi i mewn i gar tad Howard ac aeth Ieus a Gwil adre mewn tacsi.

Ond roedd Jabas yn dal i gysgu.

Am dri o'r gloch deffrodd o. Roedd hi'n dawel iawn yn y tŷ. Roedd o'n medru clywed rhywun yn chwyrnu yn y gwely. Gwthiodd o ddrws y cwpwrdd. Roedd o'n sownd. Tynnodd o ei esgidiau a dechreuodd o wthio efo'i draed. Yn sydyn, teimlodd o'r cwpwrdd yn syrthio ymlaen. Syrthiodd i'r llawr efo sŵn mawr. Torrodd cefn y cwpwrdd. Syrthiodd Jabas i ganol y dillad.

Pan ddaeth Jabas allan o'r cwpwrdd roedd Jilly'n sefyll ar y gwely'n gweiddi
"*Rape! Rape!*".
Daeth ci alsatian mawr i mewn. Yna, daeth Mr Peyton, Darren a Clint i mewn.
Cydiodd Clint yn Jabas. Llusgodd o Jabas allan o ystafell Jilly, i lawr y grisiau
ac allan o'r tŷ.

Taflodd Clint Jabas i ganol y piswail o flaen y tŷ. Roedd o'n fudr ofnadwy.
Roedd piswail yn ei geg a'i drwyn; roedd piswail i lawr ei gefn ac yn ei
glustiau. Roedd o'n teimlo'n ddiflas ofnadwy.
Pam roedd pethau fel hyn wastad yn digwydd iddo fo?

HELP

cydiodd o yn Jabas	he got hold of Jabas
cyrhaeddodd y bechgyn . . .	the boys arrived at . . .
gwthiodd Jabas y drws	Jabas pushed the door
llusgodd o Jabas	he dragged Jabas
tynnodd o ei esgidiau	he took off his shoes

GEIRFA

arogl	smell
budr = brwnt	dirty
canhwyllau	candles
cas	nasty
cotwm	cotton
creulon	cruel
cydio yn	to get hold of
cyfarfod â = cwrdd â	to meet
cyffuriau	drugs
chwyrnu	to snore
chwythu	to blow
(yn) ddig iawn = yn flin iawn	very angry
gwirion = twp	stupid
gwthio	to push
llond bol	fed up (lit. a belly-full)
llusgo	to drag
methu	to be unable to
paratoi	to prepare
persawr	perfume
piswail	dung / slurry
(y) sedd gefn	(the) back seat
tanio	to light
tynnu esgidiau	to take off (one's) shoes
wastad	always

Y Picnic

Lefelau 5/6

Roedd hi'n ddydd Gwener, y dydd Gwener cyn gwyliau hanner tymor. Dyma ddiwrnod olaf Blwyddyn 11 yn yr ysgol cyn yr arholiadau. Felly, roedden nhw'n cael gorffen yr ysgol am hanner dydd.

Roedden nhw wedi penderfynu cael picnic ar Gei Madryn yn yr harbwr i ddathlu.
Roedd pawb yn edrych ymlaen at brynhawn bendigedig. Basai'r llanw i mewn a basai'n bosib torheulo, bwyta, nofio a gwneud pob math o bethau.

33

Tua un o'r gloch, daeth y ffrindiau i'r Cei ac eisteddodd pawb mewn grwpiau bach swnllyd uwchben dŵr yr harbwr.

Roedd hi'n ddiwrnod braf. Stripiodd pawb i'w siwtiau nofio ar unwaith. Chwibanodd y bechgyn ar y merched ond Lois gafodd yr hwrê mwyaf - roedd hi'n edrych yn ffantastig mewn bicini melyn. Roedd Jabas yn edrych ar Pegi - roedd hi'n edrych yn fendigedig mewn siwt nofio!

Roedd y llanw i mewn ac roedd hi'n ddiogel i'r bobl ifanc nofio yn yr harbwr. Roedd Jabas yn nofiwr cryf a phlymiodd oddi ar risiau'r cei i'r dŵr. Bendigedig! Plymiodd o'n ddwfn. Roedd y dŵr yn gynnes o gwmpas ei gorff. Yna, daeth o i wyneb y dŵr a nofiodd o yn ôl at y cei.
"Dwyt ti ddim eisiau mynd i'r dŵr?" gofynnodd o i Pegi.
"Dw i ddim yn gallu nofio'n iawn ac mae'r dŵr yn rhy ddwfn," atebodd hi.

Yna, meddyliodd Picsi a Howard am gêm - pwy oedd yn gallu plymio i'r dŵr
o'r gris uchaf ar y cei. Roedd rhaid dechrau ar y chweched gris o'r dŵr.
Roedd 15 gris i gyd ac roedd y cei'n codi 20 troedfedd uwchben y dŵr.

Dechreuodd y bechgyn, a rhai o'r merched, blymio. Ar ôl pum munud, dim
ond pedwar bachgen a Lois oedd ar ôl yn y gystadleuaeth. Doedd Jabas
ddim wedi ymuno yn y gêm - roedd o'n eistedd ar y grisiau yn gwylio.

Gofynnodd Howard i Jabas oedd o eisiau plymio. Roedd o'n sefyll ar y gris uchaf ond un.

"Dw i ddim yn deifio o fan'na!" dwedodd Lois, a gwrthododd y bechgyn eraill hefyd. Roedd deifio o'r gris uchaf yn rhy uchel ac yn rhy beryglus. Roedd Jabas yn gwybod hynny.

Plymiodd Howard i'r dŵr. Nofiodd i'r lan. Dringodd i'r gris uchaf.

"Wel, fi ydy'r *champ*!" broliodd Howard o'r gris uchaf. Dechreuodd o baratoi i blymio unwaith eto. Sythodd ei gorff. Roedd y dŵr yn edrych yn bell i ffwrdd. Roedd ei ben o'n dechrau troi.

Taflodd o ei hun i'r môr. Doedd ei gorff o ddim yn syth rŵan ac aeth o i mewn i'r dŵr wysg ei ochr braidd. Ond doedd o ddim wedi brifo llawer. Roedd o wedi llwyddo i blymio o'r top. Roedd Howard yn hapus iawn efo'i hun.

"Baset ti'n gallu gwneud hynna, Jabas, dw i'n siwr," dwedodd Lois wrth Jabas ar ôl i Howard ddod allan o'r dŵr.

"Basai'n braf gallu rhoi pin yn swigen Howard," meddyliodd o. Edrychodd o ar y cei. Doedd dim pwynt gwneud yr un gamp â Howard. Roedd o eisiau gwneud rhywbeth gwell.

Cerddodd o at ymyl y cei. Yna, cafodd o syniad. Cerddodd o at hen graen tal ar y cei.

Dechreuodd o ddringo'r craen.
Yna, roedd o'n sefyll tua deg troedfedd uwchlaw y Cei - tua 30 troedfedd uwchlaw'r dŵr.

Roedd y môr yn edrych yn bell i ffwrdd. Roedd hyn yn beryglus! Basai'n rhaid iddo fo daflu ei hun yn ddigon pell allan i glirio wal y cei, neu basai'n brifo'n ofnadwy!

Roedd y dŵr yn hollol dawel.
Roedd y bobl ifanc hefyd yn hollol dawel.
Plymiodd Jabas o'r craen.

Roedd y naid yn wych a chliriodd o wal y cei yn hawdd.
Plymiodd i'r dŵr. Yna, ar ôl rhai eiliadau, daeth o i wyneb y dŵr.
Bloeddiodd ei ffrindiau. Roedd Jabas wrth ei fodd.

Ond yna, yng nghanol y bloeddio, sylweddolodd Jabas fod rhywbeth ofnadwy wedi digwydd. Wrth iddo fo blymio i mewn i'r dŵr, roedd ei siwt nofio lac wedi dod i ffwrdd ac roedd o'n noeth!

"Paid â phoeni," gwaeddodd Picsi. Gwisgodd o dywel am ei ganol yn gyflym a thaflodd o ei siorts gwyn at Jabas.

Ond roedd siorts Picsi'n rhy fach a phan oedden nhw'n wlyb, roedd hi'n bosib gweld trwyddyn nhw. Felly, daeth Jabas allan o'r dŵr ac aeth o i newid yn gyflym.

Roedd Jabas yn teimlo'n hapus iawn efo'i hun. Roedd o wedi curo Howard. Roedd o wedi plymio'n wych a rŵan roedd o'n mynd i gael prynhawn bendigedig efo'i ffrindiau!

Tybed?

GEIRFA

bloeddio	to shout
brifo = cael dolur	to get hurt
brolio	to boast
cael	to be allowed to
camp	feat
cei	quay
curo	to beat
chwibanu	to whistle
dathlu	to celebrate
diogel	safe
dwfn	deep
ffair sborion	jumble sale
gris, -iau	step, -s
gwrthod	to refuse
hynny	that
llanw	tide
llwyddo	to succeed
noeth	naked
noethlymun	stark naked
plymio	to dive
swigen	bubble
uwchlaw	above
ymuno	to join
wyneb	surface
wysg ei ochr	sideways

Ennill Profiad

Lefelau 6/7

"Ymarfer! Rhaid i ti gael mwy o ymarfer!" dwedodd Picsi.

"Syniad da," cytunodd Ieus. "Rhaid i ni drefnu merch brofiadol i ti. Yna, byddi di'n gallu dysgu beth i'w ddweud a beth i'w wneud efo merch."

Roedd y bechgyn yn siarad am fywyd carwriaethol Jabas. Roedd o mewn cariad â Pegi ond bob tro roedd o'n ei gweld hi, roedd o'n nerfau i gyd. Doedd o ddim wedi gofyn iddi hi fynd allan efo fo eto. Doedd o ddim yn gwybod beth i'w ddweud.

"Ond pwy?" gofynnodd Jabas.

"Lois - y ferch newydd yn y dosbarth," atebodd Ieus. "Mae hi'n bishyn!"

Roedd Picsi'n cytuno. "Mae hi wedi bod allan efo Howard, ac mae hi fel bom!"

"Ond mynd allan i ble?" gofynnodd Jabas.

Roedd hynny'n dipyn o broblem. Yn sydyn neidiodd Picsi i fyny. "Dw i wedi cael *brain-wave*," dwedodd o. "Beth am y lolfa yn Henllys Hall?"

"Henllys Hall?" gofynnodd Jabas, yn methu credu ei glustiau.

Tŷ haf oedd Henllys Hall, tŷ Dr a Mrs Braithewaite. Roedd mam Picsi yn edrych ar ôl y tŷ. Roedd ei fam wedi cael llythyr oddi wrth Dr Braithewaite ddoe a doedden nhw ddim yn dod i aros yn Henllys Hall dros y Pasg. Roedd Picsi yn gwybod ble roedd ei fam yn cadw'r agoriad. Basai o'n gallu rhoi'r agoriad i Jabas.

"Mae'n lle bendigedig," dwedodd Picsi. "Carpedi hyfryd bob man . . . a fideo . . . a chabinet diodydd . . . a soffa braf - gwych ar gyfer caru!"

Doedd gan Jabas ddim dewis.

*   *   *

Bore dydd Llun, daeth Picsi i weld Jabas. Roedd popeth yn barod - roedd Lois wedi cytuno i fynd allan efo fo, ac eglurodd Picsi ble roedd popeth yn Henllys Hall.

Cyrhaeddodd Jabas y Boston Caffi, lle roedd o'n mynd i gyfarfod â Lois, cyn chwech o'r gloch. Eisteddodd o wrth y ffenest ac archebodd o goffi. Talodd o am y coffi efo pres o un o bocedi ei drowsus gwyn newydd. Yna, gwelodd o BMW smart yn stopio gyferbyn â'r caffi. Cerddodd Lois o'r car. Roedd hi'n edrych yn ffantastig. Roedd ei gwallt hi'n bigau lliwgar ac roedd hi'n gwisgo colur lliwgar ar ei hwyneb. Roedd hi'n gwisgo ffrog fer, yn debyg i goban fer, ac roedd ei choesau hir, siapus yn amlwg iawn. Ar ben y ffrog, roedd hi'n gwisgo siaced liwgar. Neidiodd calon Jabas. Beth ar y ddaear roedd o'n mynd i'w wneud efo hon?

Daeth Lois i mewn ac eisteddodd hi gyferbyn â fo. Roedd hi'n dlws iawn. Penderfynodd Jabas ei galw hi'n "chi."

"Beth hoffech chi i yfed, Lois?" gofynnodd o.

"O ysgytlaeth mefus gyda hufen iâ ynddo," dwedodd.

Edrychodd Jabas yn dwp.

"*Strawberry milk shake* i chi'r Gogs." Roedd Lois newydd symud i'r ardal o'r De. Aeth Jabas at y cownter ac archebodd o'r ysgytlaeth. Yna, aeth o i'w boced i nôl ei waled i dalu am y ddiod. Yn sydyn cofiodd - roedd o wedi anghofio'r waled ar y bwrdd yn ei stafell wely. Aeth o yn ôl at Lois ac ymddiheuro.

"*Typical!*" dwedodd hi'n chwareus. "Rwyt ti'n mynd â merch mâs ac rwyt ti'n disgwyl iddi hi dalu am bopeth! Taflodd hi bunt at Jabas ac aeth o i dalu am yr ysgytlaeth.

Pan ddaeth o yn ôl efo'r ysgytlaeth, dechreuodd hi ofyn beth roedden nhw'n mynd i'w wneud. Roedd rhaid i Jabas feddwl yn sydyn.

"Dw i wedi cael benthyg agoriad tŷ fy nghefnder," dwedodd o. "Mae o wedi mynd i Baris dros y Pasg."

"O, beth mae o'n wneud?" gofynnodd Lois.

"Mae'n well i ni fynd," dwedodd Jabas. Doedd o ddim wedi meddwl am atebion eto.

Roedd Henllys Hall yn fendigedig.

"Mae dy gefnder di'n gyfoethog iawn," meddai Lois. "Beth ydy ei waith e?"

"Clerc yn y banc," atebodd Jabas.

"Pa fanc?" gofynnodd Lois.

"HSBC."

"O! Mae Mam yn gweithio yno," dwedodd Lois. "Beth ydy enw dy gefnder di?"

"Ym . . . John Jones," atebodd Jabas.

"Rhaid i mi ofyn i Mam ydy hi'n ei nabod e," dwedodd Lois.

Symudodd Lois at y ffenest i edrych ar yr olygfa. Felly, doedd dim rhaid i Jabas ateb mwy o gwestiynau am ei "gefnder". Pwysodd hi ei phen pigog ar ysgwydd Jabas.

Yna, cymerodd hi law Jabas a dechreuodd hi gerdded at y soffa. Tynnodd hi ei hesgidiau ac eisteddodd hi ar y soffa.

"Cer i gau'r llenni, Jabas," dwedodd hi. "Does dim eisiau i bawb weld beth fyddwn ni'n wneud ar y *settee*, nac oes!"

Roedd Jabas yn dechrau teimlo'n nerfus. Cerddodd o at y cwpwrdd coctels.

"Beth rwyt ti eisiau i yfed?" gofynnodd o.

"Blue Moon."

Edrychodd o'n dwp. Roedd rhaid i Lois egluro beth oedd y ddiod. Cafodd Jabas jin a thonic a chymerodd o un o'r sigârs hefyd. Taniodd o'r sigâr. Dechreuodd o besychu. Pesychodd o'n fwy wrth lyncu peth o'r jin.

Yna cafodd o syniad arall. Beth am roi un o'r fideos ymlaen. Dechreuodd o edrych trwy'r fideos ar silff wrth ymyl y teledu.

"Ble mae'r tŷ bach?" gofynnodd Lois. Roedd tri drws gyda'i gilydd yn mynd o'r ystafell. "Pa ddrws?"

"Ymm . . . y cyntaf," dyfalodd Jabas, ac aeth o yn ôl at y fideos yn gyflym.

"Dyna dy syniad di o jôc?" gofynnodd Lois. "Ystafell y rhewgell oedd honna. Wyt ti wedi bod yn y tŷ yma o'r blaen?"

Atebodd Jabas ddim.

"Brysia i chwilio am ffilm go flasus. Dw i'n mynd i chwilio am y tŷ bach," dwedodd Lois wedyn ac aeth hi allan o'r ystafell.

Canodd y ffôn. Suddodd calon Jabas. Pwy oedd yno? Picsi a'i ffrindiau, wrth gwrs - yn chwarae jôc, meddyliodd Jabas. Cododd o'r ffôn a chlywodd o lais gydag acen Saesneg yn gofyn,

"Cuthbert, Cuthbert Braithewaite? Oh you have arrived then?" Ie, y bechgyn yn pryfocio, meddyliodd Jabas a rhoiodd o'r ffôn i lawr.

Pan ddaeth Lois yn ôl roedd hi'n edrych yn wahanol iawn. Doedd hi ddim yn gwisgo ei ffrog, ffasiynol - roedd hi'n gwisgo gwisg nos fer iawn. Roedd hi wedi cribo'r pigau allan o'i gwallt ac roedd tonnau naturiol yn gorwedd dros ei hysgwyddau. Roedd hi'n arogli o bersawr drud iawn. Roedd ei bronnau hi'n amlwg drwy ddefnydd tenau'r wisg nos ac roedd y persawr yn troi pen Jabas. Syllodd Jabas arni hi.

"Ces i'r dillad yma yn ystafell wely dy gefnder a'i wraig. Mae pob math o ddillad crand yno - a phob math o golur a phersawr."

Dechreuodd Jabas banicio. "Ond beth tasai fy nghefnder i'n dod yn ôl?"

"Ond mae o ym Mharis, on'd ydy o?" atebodd Lois gan symud at y soffa.

"Am beth rwyt ti'n aros, Jabas?" gofynnodd Lois.

Aeth ias o banic trwy gorff Jabas - doedd o ddim wedi cusanu merch o'r blaen. Eisteddodd Jabas yn araf wrth ymyl Lois ar y soffa a thynnodd o ei esgidiau. Oedd ei draed o'n drewi, tybed? Dim ots - fasai Lois ddim yn gallu arogli ei draed - roedd hi'n gwisgo digon o bersawr. Tynnodd Lois o tuag ati hi. Aeth ei bysedd hi o dan ei grys a chwarae â'i gefn. Dechreuodd hi gusanu Jabas yn wyllt. Meddyliodd o ei fod o'n gallu clywed car yn y cefndir - ond na, car ar y ffordd fawr oedd o mae'n siwr!

Cododd Jabas, ac aeth o i ddiffodd y golau. Basai o'n mwynhau ei hun yn well yn y tywyllwch. Daeth o yn ôl at Lois a dechreuodd y ddau gusanu, a chyffwrdd . . . Roedden nhw wrth eu bodd.

Yn sydyn, saethodd goleuadau'r lolfa ymlaen. Rhewodd Jabas. Cododd ei ben yn araf ac edrychodd o'n ofnus tua'r drws. Yno, roedd gŵr a gwraig yn sefyll. Roedden nhw'n edrych yn ddig ofnadwy.

"*Ring the police, Sharon,*" dwedodd y dyn yn gas. Aeth y wraig i ffonio. Roedd y dyn yn edrych yn gas. Yna, daeth Sharon yn ôl.

"*The little bitch. Think of the impudence, Cuthbert, lying there in that negligee which you bought me on your last trip to Amsterdam and wearing my expensive perfume to be seduced on our settee in our home.*"

Roedd rhaid i Jabas feddwl am rywbeth i'w ddweud.

"*Fair cop, Sir. We thought that you were away on the continent and we only wanted to use your facilities,*" eglurodd o.

Dechreuodd Lois egluro mai'r cyfan roedden nhw eisiau oedd lle tawel i garu.

Wedyn, cyrhaeddodd yr heddlu ac aeth Lois, yn y wisg nos, a Jabas, heb ei esgidiau, i swyddfa'r heddlu. Ffoniodd yr heddlu dad Lois a daeth o i'w nôl hi. Yna, aeth o i dŷ Jabas i ddweud wrth ei rieni ei fod o efo'r heddlu.

*　　　*　　　*

Holodd yr heddlu Jabas am oriau. Ganol dydd y diwrnod wedyn, cafodd Jabas fynd adre.

Aeth y stori amdano fo'n gyflym drwy'r ardal.

"S'mai, 'rhen *sex maniac*?" gofynnodd un o'i ffrindiau iddo rai dyddiau wedyn. Oedd, roedd Jabas wedi ennill profiad - ond doedd pethau ddim wedi mynd fel roedden nhw i fod i fynd chwaith!

51

GEIRFA

agoriad = allwedd	key
archebu	to order
bronnau	breasts
bywyd carwriaethol	love life
colur	make-up
cyfan	all
cyfoethog	rich
cyffwrdd	to touch
cytuno	to agree
drewi	to stink
dyfalu	to guess
dwyn	to steal / stealing
egluro	to explain
ennill profiad	to gain experience
golygfa	scenery
gwisg nos	nightdress
ias	shiver
llyncu	to swallow
pigau	spikes
pigog	spiky
pres = arian	money
profiad	experience
profiadol	experienced
pwyso	to lean
tanio	to light
tonnau	waves
tynnu	to take off
ymarfer	practice
ymddiheuro	to apologise
ysgwydd	shoulder
ysgytlaeth	milk shake